MÉMOIRE

SUR LES

Fouilles d'Abou-Gosch

(Palestine)

Par M. l'Abbé MOREAU

Curé de Villeneuve-la-Guyard

(Ancien Curé de Saint-Léger-Vauban)

SENS
POULAIN-ROCHER, Libraire-Editeur

1906

MÉMOIRE

SUR LES

Fouilles d'Abou-Gosch

(Palestine)

TABLE DES MATIÈRES

Avant-Propos.	VII
Lettre de M. le Ministre des Affaires Etrangères à M. le Consul général de Jérusalem.	IX
Lettre de M. l'abbé Moreau à M. le Ministre des Affaires Etrangères.	X
Réponse de M. le Ministre des Affaires Etrangères	XI
Note de M. Mauss, architecte du Ministère.	XIII
Rapport à M. le Ministre des Affaires Etrangères.	1
Appendice I. — Articles critiques	15
Appendice II. — Observations	24
Appendice III. — Abou-Gosch et Nicopolis	28
Appendices IV. — Eclaircissements sur la Milice romaine.	31
Gravures.	

AVANT-PROPOS

Je ne pensais pas, au moins en ce moment, livrer à la publicité ce compte-rendu des fouilles d'Abou-Gousch, exécutées dans le cours de l'année 1901, si des conseils pressants, venus de haut, ne m'en eussent fait comprendre l'opportunité.

Mais je considère comme un devoir de rappeler d'abord que cette propriété nationale d'Abou-Gosch, sur laquelle s'élève maintenant un établissement français de premier ordre, sur l'initiative patriotique de notre Consul à Jérusalem, a été obtenue du Sultan de Constantinople, en 1873, par l'habile diplomatie de notre Ambassadeur à Constantinople, M. le Marquis de Voguë.

Par une heureuse coïncidence, l'illustre Académicien et membre de l'Institut se trouve donc pour ainsi dire le premier bienfaiteur des PP. Bénédictins établis à Abou-Gosch, dont sa noble et vénérée tante, Mme la Comtesse de Chastellux, est la généreuse fondatrice à la Pierre-qui-Vire.

Vingt ans après, en 1893, à la suite d'une conversation avec M. Ledoulx, Consul général de France à Jérusalem, je fis une démarche auprès de M. le Ministre des Affaires Etrangères, qui voulut bien me faire adresser la lettre suivante par son chef de cabinet:

Ministère des Affaires Etrangères :

Cabinet

Le Chef du Cabinet du Ministre des Affaires Etrangères aura l'honneur de recevoir M. l'abbé Moreau, curé de Saint-Léger-Vauban, le 28 de ce mois, à 10 heures.

Paris, le 26 février 1893.

Dès lors l'affaire était engagée; après des vicissitudes diverses, la Providence permit qu'elle eût les plus heureux résultats. Qu'elle en soit bénie!

Son Excellence Monsieur le Ministre des Affaires Etrangères, (Directeur des Affaires Politiques, sous-direction du Midi), à Monsieur E. AUZÉPY, Consul général de France, en Palestine.

N° 12

Au sujet
de l'abbé
Adolphe Moreau

Paris, le 21 Juin 1901.

Monsieur,

M. l'abbé Adolphe Moreau, qui s'est occupé à diverses reprises des fouilles entreprises au sanctuaire d'Abou-Gosch, doit se rendre prochainement en Palestine pour y poursuivre ses recherches, d'accord avec le P. Bernard Drouhin.

Je vous serai obligé de réserver à M. l'abbé Adolphe Moreau, qui vous présentera cette lettre, l'accueil le plus bienveillant et de lui faciliter, dans la mesure du possible, l'accomplissement des travaux qui font l'objet de son voyage.

Recevez, M   , etc.

DELCASSÉ.

Lettre de M. l'Abbé MOREAU à S. E. M. le Ministre des Affaires Etrangères

~~~~~~~~~~~~~~~~

Monsieur le Ministre des Affaires Etrangères,

J'ai l'honneur de remettre à Votre Excellence le rapport qui m'a été demandé, pour votre département, par M. Auzépy, Consul général de France à Jérusalem, sur les fouilles exécutées dans l'église nationale d'Abou-Gosch. Elles avaient pour but de déterminer, autant que possible, l'origine de ce monument sur lequel les opinions les plus diverses ont été émises.

Le résultat est tel que l'avait fait prévoir l'ancien architecte des Affaires Etrangères, M. Mauss, dans son remarquable travail sur l'église de Saint-Jérémie d'Abou-Gosch. Aussi la France, déjà en possession du lieu du *Pater*, au mont des Oliviers, et de la maison où est née la Sainte Vierge, *Sainte-Anne de Jérusalem*, possèderait encore, si je ne me fais illusion, le véritable Emmaüs de Josèphe et de l'Evangile, sous le nom de Saint-Jérémie d'Abou-Gosch. Votre Excellence vient d'en confier la garde aux PP. Bénédictins de la province de France.

Cet acte d'un patriotisme éclairé relie merveilleusement le présent avec un glorieux passé de douze siècles. Ce sont, en effet, deux Bénédictins, du couvent du Mont-des-Oliviers, qui apportèrent à Charlemagne, de la part du Sultan Haroun-al-Raschid, les chefs du Saint-Sépulcre, et préludèrent ainsi à cette longue et brillante succession de hauts faits que la France continue avec autant de désintéressement que de générosité.

Daignez agréer, Excellence, les plus respectueux hommages de votre très humble serviteur.

MOREAU,
Curé de Saint-Léger-Vauban (Yonne).

Saint-Léger-Vauban, le 25 décembre 1901.

Réponse de M. le Ministre des Affaires Etrangères

Ministère
des
Affaires
Etrangères

Direction
des
Affaires
Politiques

Sous-direction
du Midi

RÉPUBLIQUE FRANÇAISE

Paris, le 29 Janvier 1902.

Monsieur l'abbé, par lettre en date du 25 décembre, vous avez bien voulu me transmettre un rapport sur les fouilles que vous avez entreprises dans l'église nationale d'Abou-Gosch, à la demande du Consul général de France en Palestine, et des Pères Bénédictins, gardiens de ce sanctuaire.

En vous remerciant de cette intéressante communication, je vous exprime mes félicitations pour l'heureux résultat de vos recherches.

Agréez, Monsieur l'abbé, les assurances de ma considération très distinguée.

DELCASSÉ.

Monsieur l'abbé MOREAU,
Curé de Saint-Léger-Vauban
Arr. d'Avallon (Yonne).

Note de M. Mauss sur Abou-Gosch (1)

D'après le passage du diplôme cité par M. Rey, le Castellum-Emmaüs, qui s'est appelé aussi Castellum-Fontenoid, Castellum de la Fontaine, est entièrement lié aux localités désignées sous le nom de Aqua-Bella, Belveer et Saltus-Muratus. Il faut donc chercher l'emplacement de ces trois sites.

M. Rey place Belveer à Koustoul, lieu voisin d'Abou-Gosch, et Aqua-Bella à Ik-Bala. Le nom Ik-Bala semble être une corruption de Aqua-Bella. Existe-t-il à Ik-Bala assez d'eau pour justifier cette identification ?

Le Saltus-Muratus serait des plus intéressants à découvrir ; il devait se rattacher au Castellum-Emmaüs, car les huit cents hommes de guerre laissés par Vespasien avaient besoin de vivres de toutes sortes, et principalement de blé. Ce Saltus devait être une dépendance du Castellum. Il permettait, tout en les occupant, de nourrir ces huit cents hommes. C'est aux environs d'Abou-Gosch qu'il faut le rechercher. Le Saltus était un carré dont le côté avait environ un kilomètre et demi, exactement 1422 mètres. Il était *muratus*, et l'on pourra rechercher s'il n'existe point traces de cette enceinte qui devait être sérieusement construite, comme tout ce que construisaient les Romains. C'était comme un camp retranché.

Le Saltus-Muratus, dont le nom a été conservé dans la charte du moyen-âge, est peut-être la clef du problème que pose le Castellum-Emmaüs. Ce nom de *Saltus* est éminemment romain, et le domaine de 202 hectares qu'il représente pouvait suffire à entretenir les huit cents hommes de la garnison. Il fallait aussi de l'eau pour ces hommes. L'eau, nous l'avons. Reste à rechercher les terrains de culture qui

---

(1) L'ancien architecte du Ministère des Affaires Etrangères, M. Mauss, qui avait habilement dirigé et mené à bonne fin les travaux de restauration de la Basilique de Sainte-Anne de Jérusalem, apprenant que des fouilles allaient être exécutées à Abou-Gosch qu'il avait étudié tout particulièrement pendant un long séjour en Terre-Sainte, s'empressa, avec une extrême bienveillance, d'appeler mon attention, sous forme de « Note sur Abou-Gosch », sur plusieurs points importants, et de me fournir les plus précieuses indications pour la direction des travaux.

permettaient à la garnison de vivre ; et je soupçonne que ces terrains n'étaient autres que ceux du Saltus.

On a beaucoup cherché, en France, l'origine du nom de la ville de *Saumur*, qui s'est appelée *Salmurum, Salmurium, Salmurus*. Les savants font dériver le nom de Saumur de deux mots celtiques. Mais ne serait-il pas plus simple de voir dans ce nom une contraction de Saltus-Muratus, Saltmur, Saumur ? Saumur a toujours été une ville fortifiée ; elle fut longtemps une place de sûreté des protestants, et son origine comme ville fortifiée est très ancienne.

La garnison du Castellum-Emmaüs ne pouvait pas rester confinée dans le Castellum. Elle devait pouvoir se répandre sur les terres d'un domaine fortifié pour y travailler ou y manœuvrer. Le Saltus ayant environ 202 hectares, chacun des huit cents hommes disposait à peu près de 2500 mètres carrés. Or le jugère romain correspond à 2531 mètres carrés ; chaque homme pouvait donc disposer d'un jugère.

Ce rapport exact entre la superficie du Saltus et le nombre d'hommes laissés à Emmaüs par Vespasien est assez remarquable pour autoriser la recherche que nous recommandons.

Si l'hypothèse Emmaüs-Abou-Gosch est exacte, c'est dans les environs d'Abou-Gosch qu'il faut chercher le Saltus-Muratus ; et qui sait si le village d'Abou-Gosch n'est pas construit sur l'emplacement même du Saltus-Muratus ? Il y a là de très intéressantes recherches à faire. N'est-ce pas sous les masures du village de Kastri qu'on a retrouvé les ruines de Delphes ?

Le Castellum-Emmaüs devait commander à toute la contrée environnante, et il est à remarquer que le village d'Abou-Gosch avait conservé, jusqu'au milieu du siècle dernier, sous forme de brigandage, le caractère guerrier qu'il avait à l'époque romaine. Le cheik d'Abou-Gosch était la terreur du pays ; les pèlerins qui se rendaient à Jérusalem lui payaient tribut. Un jour, à Jérusalem, en sortant du sérail, où il avait été mandé par le Pacha, le vieux cheik se sentit indisposé et mourut subitement. Le lendemain, on déposait son corps dans le tombeau de ses pères, situé à l'entrée du cimetière qui précède aujourd'hui l'église d'Abou-Gosch. A partir de ce jour, la route de Jaffa à Jérusalem devint un peu plus sûre.

M. Chauvet a constaté aux environs de Kolonieh des traces de voie romaine. Cette constatation est très importante, car si une voie romaine passait à Kolonieh, elle se prolongeait certainement jusqu'à Abou-Gosch et Jaffa.

Si dans les fouilles qu'on va entreprendre, on pouvait rencontrer une borne milliaire portant le numéro X ou IX, elle pourrait trancher la question du Kariath-Yarim d'Eusèbe.

On devra, dans les terres, retrouver des monnaies du moyen-âge, et peut-être des monnaies romaines et juives. La rencontre de quelques sicles serait une bonne fortune. Un sicle bien conservé doit peser 13^{gr} 602 ; 3000 sicles forment le talent juif de 40^{k}80,629. L'impôt du Temple par tête était d'un demi-sicle, *id est* 6^{gr}.801,16.

Il faudra prendre mesure et dessins de toutes choses ; relever les signes lapidaires, marques de tâcherons ; s'il existe encore des restes de peinture, tout faire pour les conserver. En déblayant le mur occidental, on trouvera peut-être de ce côté un *emmarchement* donnant accès à une ancienne entrée du Castellum.

Sur les plans bien indiquer l'emplacement et les dimensions des escaliers et le nombre des marches. Recueillir les moindres morceaux sculptés, s'il s'en rencontre. Ils devront être rares. Le corridor central de la crypte, où se rencontre un commencement d'escalier, devait aboutir à une porte supposée ci-dessus. Quand les fondations seront découvertes, mesurer exactement le mur du Nord ; théoriquement ce mur doit avoir 28^m 80 de long.

MAUSS.

Paris, le 25 Juin 1901.

RAPPORT

EXCELLENCE,

J'avais l'honneur, en Février 1893, de demander à la direction politique du Ministère des Affaires Etrangères la concession de l'église dite de Saint-Jérémie d'Abou-Gosch, en faveur des Bénédictins de la Pierre-qui-Vire (Yonne). Diverses circonstances n'ont permis la réalisation de ce projet que dans le cours de l'année présente, à la suite d'une démarche du T. R. Père Serafini, Abbé général de la primitive Observance du Mont-Cassin, adressée à Votre Excellence au nom de la Province française.

Pendant les négociations relatives à cet établissement, vous avez daigné, pour la direction des fouilles à exécuter dans cette église nationale, me recommander, par lettres du 21 Juin dernier, à M. Auzépy, Consul général de France à Jérusalem. J'arrivai en Palestine à la fin du mois de juillet suivant, et je me rendis immédiatement à Abou-Gosch, où je trouvai le sanctuaire en l'état décrit par M. Mauss dans son remarquable travail sur l'église Saint-Jérémie à Abou-Gosch (1).

Il fallut d'abord enlever les décombres de toute sorte et les matériaux d'un ancien pressoir à huile, qui remplissaient la crypte, dont la porte extérieure était elle-même complètement obstruée. L'accès en étant rendu plus facile par un plan incliné, creusé en dehors du monument, je commençai, avec le concours dévoué des Bénédic-

---

(1) « L'état de conservation relative dans lequel il se trouve est dû à l'énorme épaisseur de ses murs qui appartiennent à un ancien « castellum », dont les Croisés utilisèrent le partie centrale, qu'on divisa en trois nefs. Le mur oriental fut même assez épais pour y loger les trois absides qui ne sont pas saillantes à l'extérieur... L'église actuelle se compose de deux églises superposées... La crypte, ou église inférieure, à laquelle on accède pas une porte percée dans le mur Nord, se compose de trois nefs plus courtes que celles de l'église supérieure... La partie occidentale de la crypte se compose de trois corridors que nous n'avons pu explorer, parce qu'ils étaient, à l'époque de notre visite, obstrués par des décombres », (pag. 16 et suivantes.)

tins, l'exploration du corridor central de l'église inférieure (voir Annexe II). Ce passage, couvert par une voûte ogivale, déviée vers le milieu, était rempli de terre jusqu'à la voûte, et ne laissait ainsi nullement soupçonner l'usage auquel il était destiné.

Après quelques mètres de terrassement, on découvrit une première marche, puis successivement douze autres marches montant vers l'Ouest, et aboutissant à un palier (Annexe I. 4), d'un mètre cinquante environ plus bas que le dallage de l'église supérieure. De ce palier partaient d'autres marches dans la direction du Nord (An. I. 5.), coupées par une construction plus récente, avant d'arriver au niveau de l'église supérieure. Depuis la fontaine jusqu'au palier (An. II. 1.2), ces marches sont placées sur le roc, dans lequel un escalier très fruste semble avoir été taillé pour les recevoir.

L'aspect de la voûte de ce corridor, d'un appareil différent de la voûte de la crypte, indique une époque postérieure aux Croisés. Elle repose de chaque côté, à une hauteur d'un mètre en moyenne, sur des roches dont les parois sont à peine dégrossies. Les marches qui manquent à la partie supérieure ont été enlevées, semble-t-il, pour faire place à une construction tumulaire, comme l'indiquent deux tombes placées à l'angle N.-O. de l'église supérieure. Selon toute vraisemblance, on se trouve en face d'un escalier spacieux allant de l'église à la crypte, dont la fontaine paraît la partie principale : il aurait été creusé dans le roc soit par les religieux qui ont occupé le sanctuaire peu après les Croisades, soit par les Arabes qui se sont emparés du monument après le départ des Latins. Dans cette hypothèse, un autre moyen d'accès à la crypte devait exister; aussi le déblai fut continué dans le corridor du côté Nord, dont l'entrée se trouve près de l'escalier descendant de la porte extérieure à la fontaine (Annexe I. 2 et 6. 7.).

A un mètre cinquante de l'entrée, les terrassiers rencontrèrent une marche; puis, cinq mètres plus loin, quatre marches coupées par un mur; là, le corridor tournait à angle droit du côté du Sud. Sa longueur totale est de huit mètres soixante-douze centimètres, en partie taillés dans le roc. L'extrémité avait été fermée par l'escalier central décrit plus haut; il avait donc servi, avant la construction de ce dernier, à la descente de l'église à la crypte. Comme on peut le constater sur le plan (Annexe I), il incline légèrement vers le Nord; et une partie du mur et de la voûte, à l'entrée, sur une longueur d'un mètre cinquante, est d'une époque différente du reste de ce corridor. Il en est de même du corridor Sud, dont nous allons parler.

Il y a en effet, au Sud (Annexe I. 3.), une porte donnant accès à un passage encore plus obstrué par les décombres que les deux premiers. Le déblai fit découvrir d'abord une marche ; puis, après le coude à angle droit, six autres marches arrêtées par le palier de l'escalier central. En partie taillé dans le roc, comme celui du Nord, et coupé aussi par le palier, il était certainement antérieur à l'escalier central. Il ne serait peut-être pas téméraire d'affirmer que ces deux escaliers latéraux sont antérieurs aux Croisés, qui en ont repris l'entrée pour soutenir le blocage sur lequel reposent deux piliers de l'église supérieure (1) ; tandis que l'escalier central aura été jugé nécessaire, plus tard, par les religieux qui desservaient cette église, ou par les Arabes du village voisin, qui avaient transformé la crypte en huilerie. Il est à remarquer que l'église supérieure a servi d'étable du XVIe au XIXe siècle.

La crypte, avec sa porte extérieure et ses escaliers, étant complètement dégagée, mon attention s'est portée sur la fontaine, située au milieu du transept. Elle était couverte d'un dallage grossier, dans lequel on avait ménagé, du côté du Sud, un petit escalier composé de trois marches inégales (Annexe I. 15. et 11.).

Il était facile de reconnaître que ce dallage, fait de matériaux divers, destinés à un autre usage et coupant les escaliers qui montaient à l'abside et à la porte extérieure (Annexe III bis), recouvrait un palier plus ancien, dont l'existence fut démontrée par quelques sondages. En effet, le déplacement des dalles mit à découvert les parois du carré de la fontaine, et laissa paraître des restes de peinture, en forme de draperies, jusqu'au niveau du palier ou dallage primitif, dont une amorce existait encore sous le pilier Nord-Ouest de la crypte. En mesurant la différence de hauteur entre cette amorce et la marche la plus basse de l'escalier montant à la porte extérieure de la crypte, on trouve exactement la place de trois marches, enlevées pour poser la dallage en question. On peut ainsi reconstituer en entier l'escalier qui descendait de la porte extérieure jusqu'au palier primitif posé immédiatement sur des colonnes et le rocher de la source (Annexe III bis). Les traces de peinture à cette profondeur indiquent que cette source a été l'objet d'une certaine vénération, comme le montrent aussi les trois escaliers des côtés Nord, Est et Ouest par lesquels on y accédait. Le côté Sud, où l'on ne remarque aucun

(1) La transformation de la forteresse en église ne remonte pas au-delà des Croisades, et peut être placée pendant une des rares périodes de paix qui suivirent la fondation du royaume latin de Jérusalem.

vestige d'escalier, est, par contre, peint dans toutes ses parties jusqu'à la voûte ; un banc de pierre, en face de la porte, à quelque distance du bord de la fontaine, est peint lui-même comme si cette partie de la crypte (bras Sud du transept) avait été réservée, tout près de ce lieu vénérable, à une assemblée choisie de clercs ou de fidèles. On remarquait aux quatre coins du dallage, près de l'orifice, quatre petits carrés taillés en creux (Annexe III *bis*, IV *bis*), avec un trou au milieu : ils semblaient destinés à recevoir des colonnes, servant de support à un autel, selon quelques personnes, et ajoutant ainsi au caractère sacré de cette source mystérieuse. Mais j'inclinerais plutôt à y voir les traces d'une balustrade de protection, bien nécessaire quand la crypte était affectée au culte ou occupée par un pressoir à huile; ce qui, du reste, n'enlèverait rien à son caractère sacré et en laisserait l'accès libre, s'il s'agit réellement d'une source miraculeuse.

L'exploration intérieure a permis de reconnaître un bassin spacieux (Annexes III et IV *bis*), s'étendant surtout du côté de l'Ouest et du Nord, par rapport au centre de la crypte. Sous l'escalier central, la source sort du rocher qui la recouvre, en partie, en forme de caverne ; six piliers bas et de différente grosseur soutiennent le blocage posé sur le reste du bassin, dont le fond est dallé avec des pierres taillées avec soin, comme celles du palier primitif. J'ai pu constater alors qu'il y avait une différence sensible de niveau entre ce palier et la première marche de l'escalier central ; preuve évidente qu'ils n'étaient pas reliés ensemble et que ce dernier est postérieur aux deux latéraux. La superficie du bassin est de trois mètres sur quatre mètres environ, avec une profondeur moyenne de quarante centimètres.

La source, au moment de l'exploration, c'est-à-dire après six mois d'une grande sécheresse, donnait quatre mètres cubes d'eau par heure. Je la crois absolument indépendante des autres sources du village, dont une dans la mosquée (1) est très abondante. Les habitants du village disent qu'il y avait autrefois, dans les jardins au-dessous de la propriété de l'Etat français, un canal voûté par lequel, après avoir rempli plusieurs vasques, les eaux s'écoulaient dans la vallée (2).

L'abside méridionale, séparée par un mur de l'abside centrale

---

(1) Cette mosquée faisait partie de l'ancien monastère adossé à l'église dite de Saint Jérémie, et se trouve actuellement au milieu de constructions appartenant à des particuliers. Des fouilles dans cet endroit donneraient certainement d'intéressants résultats.

(2) Ces vasques ont été retrouvées depuis, dans un terrain acheté par les Sœurs de Saint-Joseph.

de la crypte, paraît avoir servi de sacristie. Au fond, à droite, une ouverture étroite pratiquée dans l'épaisseur du mur, et deux ou trois marches au niveau du sol actuel indiquent un escalier qui montait dans l'église supérieure. Dans le mur de séparation dont je viens de parler, on voit une entaille de 3^{m}25 sur 0^{m}60 (voir Annexe II. 2.), qui fut vraisemblablement creusée pour recevoir une plaque commémorative entièrement disparue. Le fond de l'abside centrale est éventré dans toute sa hauteur, et laisse apercevoir les ruines du couvent adossé au mur oriental de l'église (1).

Une pierre qui avait probablement servi d'autel, gisait sur le sol, cassée en plusieurs morceaux ; une autre pierre, brisée aussi, portait en relief une croix de Malte, qui avait été grattée. Il en avait été de même d'une croix à deux branches, inscrite dans un cercle sur le linteau de la porte extérieure de la crypte (Annexe VI).

Les peintures retrouvées sous le blocage de la fontaine, sur les piliers et la voûte, ne sont pas d'une même facture ; il y a même en quelques endroits deux couches superposées, faciles à constater, qui indiquent deux époques différentes. On n'y voit aucun personnage, mais seulement des étoiles à six ou huit rayons, et des dessins en forme de draperies. Sur le mur, en grande parti démoli, entre l'abside méridionale et le transept, se voit encore la trace d'une inscription dont il ne reste que la lettre latine D. Plusieurs visiteurs ont cru y lire aussi des lettres grecques (2).

Ce travail intérieur achevé, je fis creuser autour de l'édifice un fossé de 3 mètres de large sur 1^{m}50 environ de profondeur, en commençant devant la porte principale, à l'entrée de laquelle on ne trouve d'abord que des terres rapportées, puis, à 1^{m}50 le sol primitif. Aucune pierre, provenant d'une galerie *supposée* (?) comme couronnement de la terrasse, ne fut trouvée dans la tranchée ; ce qui laisserait croire que le monument, après avoir été transformé en église, n'a jamais été terminé. Quelques fragments de colonnes, moulures, corniches, etc., la plupart en marbre, d'une époque postérieure aux Croisés, semblent avoir appartenu à quelque décoration d'autel ou de rétable. Un chapiteau d'ordre corinthien pourrait remonter au VIIe ou VIIIe siècle.

(1) On a ménagé, lors de la reconstruction du couvent, un passage voûté dans cette abside centrale pour faciliter l'accès de la crypte. Cette disposition n'est pas conforme au plan primitif de l'église.

(2) Il serait intéressant, pour en déterminer l'époque et les auteurs, de relever ces peintures et de les comparer avec celles de l'église supérieure.

L'état de délabrement du mur oriental ne permettant pas de continuer les fouilles de ce côté, ni dans les ruines de l'ancien couvent, car le moindre éboulement aurait pu causer les plus déplorables accidents, la tranchée circulaire fut achevée à travers l'amoncellement de décombres, qui se trouvait à l'angle Nord-Est. Ce travail, en déchaussant le mur, facilita d'abord la mensuration exacte du côté Nord de l'édifice, qui mesure 26^{m}95 de longueur. Puis, en creusant jusqu'au sol primitif, on découvrit, à gauche de la porte de la crypte, à la hauteur d'un mètre au dessus du sol, enchâssée dans le mur, une pierre carrée à oreilles, portant l'inscription suivante en lettres latines (Annexes IV et VI) :

VEXILLATIO
LEG. X̄. FRE.

L'importance de cette découverte n'échappa à personne, et aussitôt connue elle produisit à Jérusalem une vive émotion, car elle touchait à une question topographique et historique, depuis longtemps discutée et dont je parlerai plus loin. Le sens de *Vexillatio*, compagnie des V*exillaires* ou *porte-enseignes* (1), est facile à établir ; le reste de l'inscription est bien connu dans la Ville sainte ; *Legionis decimæ Fretensis, de la dixième légion (dite) du détroit.* Cette légion était, en effet, appelée *Fretensis*, parce qu'elle était tirée du détroit de Sicile. Elle avait donc à Kariath-el-Enab un détachement important (2). Une borne au milieu d'un carrefour à Jérusalem, près de la porte de Jaffa, porte aussi l'inscription suivante :

M. IVNIO-MAXIMO
LEG. AUGG
LEG.X.FRE.ANTONINIANA
C.DOM.SERG.IVL.HONORATUS
STER.EIVS (3)

(1) *Vexillatio*, Corps ou détachement de Vexillaires, d'après Suétone et Virg. Vexillarii-Vexillaires, soldats *vétérans* ou *émérites*, d'après Tacite et Virg. (Voir appendice IV)
(2) Kariath ou Kiriath-el-Enab, en arabe village des raisins, est connu sous le nom d'Abou-Gosch, à cause du fameux Abou-Gosch (le père de la division), autrefois la terreur des pèlerins. La famille existe encore et actuellement un de ses descendants est le Cheik du village et collecteur des impôts de la contrée.
(3) « Mario Junio Maximo legato Augustorum, legio decima Fretensis Antoniniana, Caius Domitius Sergicis Julius Honoratus Strator ejus. » Ce surnom de *Antoniniana* est d'une autre main que le reste de l'inscription. Il fut donné à la dixième légion sous les Antonins.

Envoyée d'abord dans la Babylonie, cette légion fut rappelée pour prendre part à la guerre contre les Juifs, sous le commandement de Vespasien. Elle campa dans la plaine à Jéricho ; et, quand Titus commença les opérations du siège de Jérusalem, elle s'établit sur le mont des Oliviers. Après la prise de la ville, on lui donna des quartiers à la Tour de David, près de la porte de Jaffa. « Nous l'avons vue en diverses circonstances occupée à des travaux qui devaient être une spécialité (constructions, terrassement, briques, etc.); aussi nous ne serons pas surpris de la voir travailler plus tard à la construction d'Ælia, et des voies qui y aboutissent (*Echos de N.-D. de France*). On trouve particulièrement au Mont Sion des briques marquées à son estampille : LXF. ou LEXFR. On a recueilli près des murs de la ville une inscription funéraire d'un officier de cette légion. Nous sommes donc en droit de conclure que la *Compagnie des Vexillaires de la dixième légion du détroit*, après la prise de Jérusalem, vint s'établir dans la forteresse de Kariath-el-Enab, appelée par M. Mauss Castellum de Vespasien.

Pour compléter le fossé de circonvallation, je fis enlever, entre la porte de la crypte et la porte de l'église supérieure, quelques mètres cubes de terre, sous lesquels on trouva un tombeau, dont le couvercle en pierre était orné, sur un côté et à l'un des bouts, de deux dessins assez semblables à des croix de Malte. Ce couvercle était posé sur une maçonnerie d'un bel appareil, qui recouvrait à plus d'un mètre quarante de profondeur un squelette d'adulte de petite taille. Le couvercle, d'une seule pièce, avait un mètre quarante de longueur, et la maçonnerie, un mètre soixante ; les ossements ne paraissaient pas avoir été dérangés. La tête droite (les musulmans la tournent du côté de la Mecque), les bras croisés sur la poitrine, et les pieds du côté de l'Orient, indiquent une sépulture chrétienne. Du reste les terrassiers musulmans ne s'y trompèrent pas, car aussitôt la dernière pierre retirée, ils se relevèrent en disant : *Roumi!* c'est-à-dire un chrétien.

L'Église supérieure, comme la crypte, était couverte de peintures que le temps achève de faire disparaître. Les Pères Bénédictins, aussitôt mis en possession de cette propriété, se sont mis en mesure de reproduire ce qu'il en reste, ce qui permettra peut-être de déterminer le vocable de cet intéressant sanctuaire. On voit encore, dans le bas-côté Nord, une fresque (1) de plus de quatre mètres de largeur.

---

(1) Le rapport, présenté au Ministère et dont celui-ci n'est que la copie, contient une réduction en couleurs de cette fresque, sur laquelle on remarque un reste d'inscription en lettres latines.

On a prétendu qu'elle représentait le concile d'Ephèse (?). Mais, comme celles dont nous allons parler, elle est probablement l'œuvre d'artistes grecs. Dans le bas-côté Sud, une autre peinture de mêmes proportions semble rappeler une scène du Calvaire. Dans l'abside méridionale, les patriarches Abraham, Isaac et Jacob, avec leurs noms inscrits au-dessus de leur tête ; dans le sein d'Abraham des têtes d'enfants représentant les âmes ; au dessus, un lion passant dans un cercle (le lion de Juda ?). Sur un pilier j'ai remarqué une grande croix peinte, offrant une grande ressemblance avec la croix de la tombe relatée plus haut.

L'abside centrale, dans la partie supérieure, est percée d'une fenêtre qui s'ouvrait sur la terrasse du couvent. L'abside latérale Sud avait une porte qui s'ouvrait dans le monastère, tandis qu'un escalier, pratiqué dans l'épaisseur du mur oriental, communiquait dans l'église par une porte percée à l'angle du bas-côté Nord-Est. Il servait à monter sur la terrasse du monastère, et de là sur la terrasse de l'église, par un passage encore très visible dont M. Mauss dit n'avoir pu vérifier l'usage, sans doute parce qu'il n'avait pu vérifier l'escalier lui-même.

Un des morceaux les plus intéressants de cette église, dit le même auteur, est la porte d'entrée principale ; sa triple archivolte en arc légèrement brisé, et certains détails de profils et de sculpture lui donnent une physionomie absolument orientale. Il ajoute : « Si l'on examine avec attention l'appareil de cette porte, on remarque qu'elle a été percée après coup dans un mur plus ancien. La taille des pierres n'est pas la même, et les joints ne se rapportent pas avec ceux de l'ancienne construction ; cette observation s'applique encore aux fenêtres des bas-côtés » ... A cette judicieuse observation j'en ajouterai une autre qui la complète et détermine nettement le double caractère de l'édifice : les fenêtres de la nef centrale, ainsi que tout l'appareil de sa terrasse, plus élevée de trois mètres environ que la terrasse des bas-côtés, sont plus récents et entièrement différents des quatre murs de la forteresse. On pourrait donc assigner comme date de leur construction l'époque de la transformation en église, à cause de leur grande ressemblance, dans l'exécution du travail, avec les fenêtres des bas-côtés, les voûtes de l'église et de la crypte. Cette terrasse plus élevée (celle de la nef centrale) paraît se terminer, du côté de l'Ouest, par une tour inachevée, sous laquelle on croit apercevoir, de l'église, deux trous ménagés dans la voûte.

Parmi les signes lapidaires, tous empruntés à l'alphabet occidental, se trouve deux fois, dans la crypte, la lettre W, que je signale parce que M. Mauss déclare l'avoir vainement cherchée. J'ai encore remarqué, comme signe lapidaire, dans l'église supérieure, la fleur de lys, et, sur une pierre de la porte principale, la lettre minuscule *m* deux fois répétée. J'ai constaté la présence des mêmes signes dans les ruines de Dher-el-Benat, à deux kilomètres de Kariath-el-Enab, et dans l'église de Koubéïbeh.

Dans son ouvrage déjà cité, M. Mauss fait cette remarque : « M. de Vogüé, dit-il, rapporte qu'une tradition grecque considère Abou-Gosch comme étant l'Emmaüs de l'Evangile, qui était situé à 60 stades de Jérusalem. » Cette tradition est relatée dans plusieurs ouvrages orthodoxes, en particulier dans quelques *Guides grecs* actuellement en vente à Jérusalem. J'ai interrogé à ce sujet le Chancelier du Patriarchat grec orthodoxe, qui m'a répondu : « Emmaüs, c'est là où des moines français vont prochainement s'établir. » Il voulait parler des Bénédictins, à qui le gouvernement français avait confié sa propriété d'Abou-Gosch.

Dans le livre des Macchabées, il est trois fois question d'Emmaüs : 1° au chap. III. v. 40 : « Ils vinrent camper à Emmaüs dans une plaine » ; 2° au chap. III. v. 57 : « Ils placèrent leur camp au midi d'Emmaüs » ; 3° au chap. IV. v. 3 : « Pour attaquer le gros de l'armée du roi, qui était à Emmaüs. » (1) Plusieurs écrivains ont prétendu que ces mots : *dans une plaine — in terra campestri*, indiquaient une plaine très étendue, nécessaire au déploiement de l'armée de Lysias, forte de 40.000 hommes ; et pour cette raison ont pensé que cette plaine ne pouvait être que celle de Saron. Cette conclusion a d'autant moins de valeur que l'histoire nous montre souvent des armées plus considérables manœuvrant sur un sol plus accidenté ; que les chefs d'armée ne choisissent pas le lieu de la bataille comme des stratégistes de cabinet ; et que, en fait, nous voyons plus loin le même Lysias s'avancer avec 60.000 hommes dans les montagnes de Bethoron. D'autre part, on a plusieurs fois donné à la vallée de Kariath-el-Enab le nom de *plaine*, et il n'est pas sans intérêt de signaler ici ce curieux rapprochement : les termes *in campis sylvæ*, du psaume « *Memento Domine David* », sont remplacés dans le texte hébraïque, en usage chez les Juifs, par les termes *Kariath-Yarim*, comme je l'ai constaté dans mes recherches à la bibliothèque juive, de Jérusalem.

(1) Comme il existe deux Emmaüs, il est possible qu'il s'agisse ici de l'Emmaüs de la plaine. Cela est indifférent à la thèse Emmaüs-Abou-Gosch.

Dans *La Guerre contre les Juifs*, Josèphe dit, en parlant d'Emmaüs : « Mais en ce même temps César écrivait à Bassus et à Liberius Maximus... pour leur ordonner de vendre toute la terre des Juifs, en laquelle il ne fonda plus de villes, se réservant pour lui leur propre territoire : mais il donna à huit cents vétérans (*octogintis dunstaxat emeritis*) un lieu à cultiver nommé Ammaüs, distant de 60 stades de Jérusalem. » (Liv. VII. ch. VI.). Cette traduction est tirée de l'édition grecque-latine de Leipsick (Bibliothèque juive de Jérusalem). Quelques traductions françaises de Josèphe portent 30 stades au lieu de 60; mais c'est une correction fautive, qui pourrait avoir pour origine la colonie militaire de Konieh, à 30 stades de Jérusalem, car il n'est pas admissible que l'Emmaüs de Josèphe et de saint Luc ne soit qu'à 30 stades de la Ville sainte.

En rapprochant le texte de Josèphe de l'inscription romaine trouvée dans l'église de Kariath-el Enab : *Vexillatio Legionis decimæ Fretensis*, il faut reconnaître que c'est la 10° légion, ou mieux une compagnie importante, la compagnie des *Vexillaires*, qui fut envoyée après la prise de Jérusalem à Emmaüs, distant de 60 stades. Mais, est-il nécessaire de l'ajouter, l'inscription et l'historien juif sont en parfait accord avec saint Luc, qui dans son Evangile s'exprime ainsi : « Ils allaient dans un bourg éloigné de 60 stades de Jérusalem nommé Emmaüs » (ch. XXIV. v. 13). On pourrait objecter qu'un certain nombre de manuscrits des Evangiles donnent 160 au lieu de 60 stades; mais cette version ne serait-elle pas une correction fautive, puisque le *plus grand nombre* et les *plus anciens* manuscrits portent 60 stades, et que ce texte (de 60 stades) est d'accord avec l'inscription d'Abou-Gosch, avec l'historien national et la tradition la plus ancienne et la plus commune sur la distance d'Emmaüs? Du reste le chiffre de 60 ou de 160 ne peut pas être, comme le voudraient quelques auteurs, pour les besoins de la cause, un *à peu près*, mais un chiffre précis. La distance d'Emmaüs au temps de N. S. Jésus-Christ et de Josèphe était connue, et personne ne pouvait s'y tromper, puisqu'il y avait là une forteresse, *castellum*, et que des troupes y avaient campé avant et après les faits évangéliques. Or, pour une distance de 160 stades, on ne trouve aucun lieu qui porte, même transformé, le nom d'Emmaüs ou d'Ammaüs; car l'Amoas-Nicopolis est à 176 stades, si on compte les stades à 185 mètres, ou à 146 stades, si on les compte à 222 mètres. Quant à Koubéïbeh, par l'ancienne route militaire, il y a, selon qu'on emploie l'une ou l'autre manière de compter les stades, plusieurs stades en plus ou en moins des 60 indiquées d'une manière précise par les textes et les monuments. Au reste, la tradition de Koubéïbeh est relativement récente, car elle ne remonte guère au delà du xvi⁰ siècle, tandis que les historiens du moyen-âge sont presque unanimes à nous montrer à Abou-Gosch, ou dans son voisinage, l'Emmaüs de l'Evangile, comme ils s'accordent aussi à placer dans ses environs les villages, les châteaux et les forteresses que nous y retrouvons encore aujourd'hui, presque sous les mêmes dénominations. Les Franciscains de la Terre-Sainte ont accumulé, pour soutenir leur thèse Emmaüs-Koubéïbeh, des arguments historiques et topographiques dont le plus grand nombre viennent merveilleusement à l'appui de la thèse Emmaüs-Abou-Gosch.

Dès maintenant je pourrais conclure dans ce sens, mais en parcourant les nombreux ouvrages écrits sur la matière, j'ai été frappé de l'importance qu'ils donnent à l'existence d'une certaine fontaine *miraculeuse* près ou à l'endroit même d'Emmaüs. C'est au point que les Annales *Saint-François et la Terre-Sainte*, organe de la Custodie (1), sont obligées de recourir à un tremblement de terre *problématique* pour expliquer l'absence de fontaine près de leur sanctuaire de Koubéïbeh, et que les partisans d'Amoas-Nicopolis identifient cette fontaine avec un puits desséché situé du côté opposé de la Trappe d'El-Latroun, ou se prévalent d'un *ancien baptistère* (?) alimenté par une conduite d'eau venant de la montagne.

Au témoignage de Josèphe, Emmaüs signifie source, fontaine, car une source d'eau chaude, près de Tibériade, porte le nom d'Emmaüs. Cet auteur dit positivement : « Vespasien étant décampé d'Ammaüs, qui est proche de Tibériade, et qui porte ce nom à cause d'une fontaine d'eau chaude qui guérit de diverses maladies ». Il faut donc retrouver à Emmaüs, non un puits quelconque plus ou moins rapproché, ni une piscine alimentée par l'eau pluviale ou des sources éloignées, mais une véritable fontaine, selon le sens obvie de ce mot.

On a souvent cité Sozomène (v⁰ siècle), en particulier le capitaine Guillemot, en faveur de la thèse Amoas-Nicopolis, à 176 stades de Jérusalem ; voici le passage en question : « Il existe en Palestine une ville qui s'appelle maintenant Nicopolis. Le livre divin des Evangiles en fait mention comme d'un bourg qu'il désigne sous le nom d'Emmaüs. Mais les Romains devenus maîtres de Jérusalem et vainqueurs des Juifs, surnommèrent cette localité Nicopolis en souvenir du triomphe qu'ils venaient de remporter. Devant cette ville, près d'un

(1) Cette revue a cessé de paraître. Il faut espérer qu'elle sera remplacée, car elle avait sa place marquée parmi les revues palestissiennes.

carrefour de trois routes où le Christ, après sa résurrection, feignit, cheminant avec Cléophas, de vouloir poursuivre sa route, on voit une source très salutaire, dont les eaux guérissent non seulement les hommes malades qui s'y baignent, mais encore les animaux (1) atteints de diverses incommodités. » On remarque dans ce texte : *a)* un bourg nommé Emmaüs, que les Romains victorieux ont surnommé Nicopolis ; *b)* un carrefour formé par trois routes ; *c)* une fontaine miraculeuse. Or, à Kariath-el-Enab nous avons : *a)* un bourg que les grecs orthodoxes et les Croisés appellent Emmaüs, situé exactement à 60 stades de Jérusalem, avec une forteresse (2) où la compagnie des Vexillaires de la dixième légion avait fixé ses quartiers ; *b)* sur la grande place publique (cimetière), le lieu certain où se croisaient la route de Jérusalem par Koustoul et Kolonieh, la route militaire des hauteurs par Biddou, et la route de Jaffa ; et *c)* près du carrefour, dans l'église même, une fontaine abondante, avec un vaste bassin accessible par le moyen de plusieurs escaliers spacieux, remplissant ainsi les conditions d'une fontaine miraculeuse.

La tradition des Grecs orthodoxes, dégagée des passions religieuses, ne manque pas de valeur, et leur opinion favorable à Kariath-el-Enab doit être prise en considération Il ne faut pas oublier, en effet, que les Grecs, si l'on excepte les Bénédictins établis dès le vii° siècle au mont des Oliviers, ont été jusqu'aux Croisades les uniques possesseurs des Saints-Lieux. Quant à l'opinion des Croisés, ce serait une témérité de croire qu'elle ne repose pas sur des traditions antérieures ; car en arrivant en Palestine, ils ont dû, nécessairement, pour les noms des localités qu'ils traversaient, s'en rapporter aux usages établis par la tradition, sauf à franciser dans la suite, surtout après la conquête, certaines dénominations comme Belveer, Fontenoid, etc. Nous avons, dans un diplôme publié par Paoli, le passage suivant : « *Castellum Emmaüs et Aquam Bellam, et Belveer, et Saltum muratum quæ omnia confinio Jerosolymitano atque territorio haderent.* » Après avoir cité ce texte, Rey assure qu'on donnait, au xii° siècle, le nom de Fontenoid à une fontaine voisine du Castellum-Emmaüs ; nom qui semble, ajoute-t-il, avoir été donné au château lui-même.

(1) Pendant mon séjour à Abou-Gosh, j'ai appris des habitants que cette coutume, relativement aux animaux malades, existait encore ; et les musulmans des environs viennent souvent puiser de l'eau dans cette intention à la fontaine de la crypte.

(2) Serait-ce Nicopolis, dont le nom aurait été donné plus tard à une autre ville de la plaine ? (Voir appendice III.)

L'identification d'Aqua-Bella et de Belveer avec Ekballa et Koustoul, situés dans le voisinage d'Abou-Gosch, n'offre pas de difficultés, et la petite église en ruines de Dheir-el-Benat, au pied de laquelle coule un ruisseau formé de plusieurs sources de la vallée, se trouverait peut-être à l'emplacement dont parle Ludolphe-le-Chartreux : « Dans le lieu même où Notre-Seigneur se joignit à eux (aux deux disciples d'Emmaüs), une chapelle fut construite dans la suite. Passant un jour à cet endroit, je demandai à un fellah le nom de cette localité : « *C'est la rencontre* », me répondit-il en arabe ». Détail curieux, Ludolphe donne au compagnon de Cléophas le nom d'Amaon. Serait-ce à cause de son pays d'origine ? Quant au Belmont des Croisés, dans les environs de Kariat-el-Enab, ce serait Souba, que Guérin identifie avec Modin, d'accord avec les orthodoxes et les Guides actuels en langue grecque.

Le Père Scavi écrit de son côté, dans la *Revue Biblique* : « Josèphe connait un Emmaüs à 60 stades de Jérusalem, où Titus fonda une colonie de huit cents vétérans. L'Emmaüs du Talmud et de Josèphe est certainement celui de saint Luc ; là-dessus le doute est impossible. » Or, s'il est impossible de douter que l'Emmaüs de Josèphe à 60 stades, où Titus fonda une colonie militaire, ne soit l'Emmaüs de saint Luc, également à 60 stades, il paraît difficile, après la découverte de l'inscription : *VEXILLATIO LEG. X. FRE.* sur les murs de la forteresse d'Abou-Gosch, à la distance exacte de 60 stades de Jérusalem, de ne pas conclure :

Ce monument national, ancien castellum de Vespasien, est l'Emmaüs de Josèphe et de saint Luc.

Tels sont, Monsieur le Ministre, les plus importants détails des fouilles que j'ai eu l'honneur de diriger, sur la haute recommandation de Votre Excellence, dans la propriété nationale d'Abou-Gosch, Palestine.

A. MOREAU,
Curé de Saint-Léger-Vauban (Yonne).

Kariath-el-Enab, le 10 Octobre 1901.

APPENDICE I

Articles critiques

Ce compte-rendu des fouilles d'Abou-Gosch a été déposé au Ministère des Affaires Etrangères le 25 décembre 1901, et quelques exemplaires manuscrits ont été remis en même temps à des membres de l'Institut et à de savants archéologues. Malgré l'*apparente* nouveauté de ses conclusions, il n'a pas rencontré jusqu'ici de contestations capables de les infirmer. Un membre de l'Institut, partisan déterminé d'Amoas-Nicopolis, m'a fait, il est vrai, cette objection qui sera appréciée diversement : « Pour moi, dit-il, la question de stades ne compte pas, que ce soit 30, 40, 60, 160 ou 200 ; Emmaüs est là, au Nord ou au Sud, à l'Est ou à l'Ouest de Jérusalem, où l'on trouvera des monuments ou des inscriptions qui le démontreront. » Le savant archéologue, sur trois facteurs importants du problème : la distance, la tradition et les monuments lapidaires, n'en néglige que deux, la distance et la tradition ! Un autre membre de l'Institut, des plus distingués, et en même temps de l'Académie Française et de plusieurs Sociétés savantes, après avoir pris connaissance de ce travail, n'hésite pas à déclarer que la conclusion — Emmaüs-Abou-Gosch — était *très probable*.

Les Revues spéciales n'ont pas manqué de se préoccuper de cette découverte, tout en se défendant mal d'y attacher trop d'importance. Cette attitude n'étonnera personne parmi ceux qui suivent ces intéressantes questions. Aussi je reproduis ci-dessous les articles parus dans ces Revues, afin de montrer que, non seulement rien n'est venu atténuer les arguments favorables, mais que les découvertes postérieures leur donnent plutôt une nouvelle force, en faisant ressortir l'étonnante sagacité de M. Mauss, qui les avait prévues.

PREMIER ARTICLE

Echos d'Orient, 5° année. N° 2. Décembre 1902

Nouvelle Inscription de la Xe Légion Fretensis

En déchaussant les murs de l'Eglise d'Abou-Gosch à l'intérieur, les RR. PP. Bénédictins (1) viennent de découvrir une belle inscription romaine encastrée dans le mur à côté de la petite porte de la crypte : On y lit la mention suivante en grandes et belles lettres, dans un cartouche à oreilles :

Vexillatio Leg(ionis) X Fre. (tensis)

Les deux lettres T et I sont liées. Le chiffre X est séparé des autres mots par des feuilles cordées.

On nommait *Vexillatio*, dans l'armée romaine, un détachement de vétérans, appelé à garder un poste sous une enseigne particulière (*Vexillum*).

L'inscription qu'on vient de découvrir nous apprend qu'il y avait en cet endroit une garnison détachée de la X° légion, qui résidait à Jérusalem.

Elle n'est pas à sa place primitive et a été employée comme pierre de construction (2) dans les premières assises de l'église des Croisés : ce qui prouve que cette église n'est pas un *castrum* romain (3) dans les murs duquel les Croisés auraient percé après coup des ouvertures ogivales.

Il y a encore une autre conséquence à tirer de la présence d'un détachement de la X° légion à Abou-Gosch.

Au dire de l'historien Josèphe, une colonie de vétérans fut établie par Vespasien à Emmaüs, à 30 ou 60 stades de Jérusalem. Il y a dans les manuscrits une variante pour le chiffre. D'après cette indication douteuse, quelques uns voulaient mettre la colonie de Vespasien à Kolonieh, environ 30 stades, d'autres à Abou-Gosch, environ 60. Mais les vétérans de Vespasien appartenaient, selon toute vrai-

(1) L'auteur de l'article ignorait que les fouilles étaient commencées avant la transmission officielle de la propriété aux RR. PP. Bénédictins.

(2) Rien ne prouve qu'elle ne soit pas à sa place primitive, et encore moins qu'elle était employée comme pierre de construction.

(3) Singulière logique ! Cette pierre indiquerait plutôt un castrum romain. Il y avait certainement un castrum avant les Croisés.

semblance (?), à la V⁰ Macédonienne, et on trouve leurs épitaphes à Emmaüs-Nicopolis, aujourd'hui Amoas, à 160 stades de Jérusalem, où Vespasien avait établi un camp formé par la V⁰ légion, avant la prise de Jérusalem.

Puisque la X⁰ Fretensis de Jérusalem avait un détachement à Abou-Gosch, ce territoire, et *a fortiori* celui de Kolonieh, étaient évidemment de son ressort, et il faut renoncer à chercher l'Emmaüs de Josèphe ailleurs qu'à Emmaüs-Nicopolis, le seul Emmaüs de l'histoire (1).

GERMER-DURAND.

DEUXIÈME ARTICLE

Echos d'Orient, 5ᵉ Année. N° 6. Septembre 1902

Tous les professionnels de la topographie biblique connaissent le problème abstrus qui s'est posé depuis longtemps au sujet de l'Emmaüs évangélique... En faveur d'Amoas, nous avons bon nombre de manuscrits et de versions, dont plusieurs remontent au IV⁰ et au V⁰ siècle, et qui placent l'Emmaüs évangélique à 160 stades de Jérusalem, la distance *approximative* (2) de l'Amoas moderne. Nous avons encore une tradition d'une antiquité respectable et dont l'origine remonte au III⁰ siècle, Eusèbe ; saint Jérôme au IV⁰ ; Sozomène au V⁰ (3)... Nous avons enfin à Amoas la présence d'une église magnifique.

---

(1) Josèphe n'indique pas à quelle légion appartenaient les vétérans qui furent envoyés à Emmaüs, à 60 stades de Jérusalem. Une inscription romaine place un détachement de vétérans de la X⁰ à Abou-Gosch, 60 stades de Jérusalem. Rien n'indique la présence de vétérans à Amoas ; Josèphe dit seulement que Vespasien y laissa la V⁰ légion avant la prise de Jérusalem. Amoas est à 176 stades. Le bon sens serait de conclure en faveur d'Abou-Gosch. Le P. G.-D. conclut pour Amoas, le seul Emmaüs de l'histoire (?) ! Etrange logique ! Pourtant l'historien national juif parle positivement de deux Emmaüs ; peut être même de trois !

(2) Faut-il se contenter, dans l'espèce, d'une distance approximative, quand cette approximation est d'une quinzaine de stades?

(3) Le texte d'Eusèbe est discutable ; celui ou plutôt ceux de saint Jérôme sont contradictoires et pourraient être expliqués d'une manière favorable à Abou-Gosch, surtout celui tiré de l'*Epitaphe de sainte Paule*. Du reste, dans sa version latine des Evangiles, saint Jérôme se garde bien de rien changer à la tradition sur l'Emmaüs à 60 stades de Jérusalem. Quant à Sozomène, on a vu plus haut (compte-rendu), ce qu'il en est réellement.

Contre Amoas nous avons tous les manuscrits et toutes les versions de la Bible qui placent Emmaüs à 60 stades seulement de Jérusalem, et qui l'emportent par le nombre et dans l'ensemble par l'ancienneté sur les témoins du groupe précédent. Nous avons encore une foule de particularités du texte évangélique, qui sont difficilement conciliables avec la position éloignée d'Amoas. (L'auteur de l'article cite ici les textes de l'Evangile et de Josèphe qui ne peuvent, selon lui, se rapporter qu'à un *village et à 60 stades*, et conclut :) Pour toutes ces raisons, Amoas ne peut, à mon humble avis, représenter l'Emmaüs de l'Evangile... Mais, continue-t-il, le vrai nœud de la question consiste à retrouver l'Emmaüs des 800 vétérans, mentionné par Josèphe et le Talmud, et l'on y arrivera sans doute, puisque les soldats romains avaient l'habitude de faire parler les pierres (1). Si cette colonie de vétérans se retrouve à Koubeïbeh, qu'on le vénère à Koubeïbeh ; si elle se retrouve à Abou-Gosch, qu'on le vénère à Abou-Gosch... Un seul point de tout ce débat reste pour moi incontestable, c'est que l'Emmaüs évangélique ne se trouve pas à Amoas.

S. VAILHÉ.

TROISIÈME ARTICLE

Revue Biblique, 11ᵉ année, N° 3. 1ᵉʳ Juillet 1902

L'intéressante église médiévale d'Abou-Gosch était depuis longtemps propriété française. Le gouvernement vient d'en confier le soin aux religieux de Saint-Benoît, récemment arrivés à Jérusalem. Avant même de poursuivre leur installation déjà commencée sur la colline du Batn-el-Hawa, au-dessus de Siloë, les Bénédictins ont entrepris de parer à la ruine complète du monument d'Abou-Gosch, en y faisant sans retard les premiers travaux de déblaiement et les réparations urgentes après des siècles d'abandon. Ces travaux, dirigés avec intelligence et poussés avec activité (2), ont permis d'acquérir une con-

---

(1) Eh bien ! oui, les soldats romains ont fait parler les pierres à Abou-Gosch, car, outre l'inscription des vétérans de la Xᵉ légion, nous avons le cercueil en plomb d'un officier romain (a), une pierre milliaire ; et la série des découvertes n'est pas close !
(2) Sur l'initiative du Ministère des Affaires étrangères.
(a) Annexe VII.

naissance beaucoup plus approfondie que celle qu'en avait pu obtenir M. Mauss ou M. de Vogüé, à une époque où les terres amoncelées à l'intérieur et autour de l'église, d'ailleurs à peine accessible par suite du mauvais vouloir des musulmans fanatiques de l'endroit... Je dois à une autorisation très bienveillante de pouvoir présenter aux lecteurs de la *Revue* un des résultats des plus intéressants et des moins *attendus* : la découverte d'une inscription romaine.

Elle est encastrée dans les premières assises du mur septentrional de l'église, vers l'extrémité Nord-Est, à côté de la porte extérieure de la crypte. Il est manifeste qu'elle a été employée là comme une vulgaire pierre à bâtir, placée trop bas pour que le texte soit en évidence, et d'ailleurs en fausse équerre sur l'assise (1) on la dirait introduite après coup dans la muraille (pourquoi introduire après coup un vulgaire moellon écorné dans cette muraille ?). Elle est gravée sur un bloc d'assez mauvais calcaire, dans un cartouche à oreillette écornée par l'ouvrier, qui n'a vu là qu'un moellon... La lecture ne présente aucune obscurité et ne laisse place à aucun doute : *Vexillatio Leg(ionis) X° Fre(tensis)*. La ligature de *ti* est familière... Les formes paléographiques sont plutôt celles du II° siècle que celles de la haute époque impériale : les *E F L T* aux barres horizontales courtes et obliques sont caractéristiques en ce sens.

Vexillatio, dans son acception générique, désigne un groupement plus ou moins considérable autour d'un *vexillum*, que Cagnat définit : « l'enseigne donnée à tout détachement légionnaire comme symbole de l'unité tactique. »

[L'auteur cite ici le texte de Josèphe sur les huit cents vétérans d'Emmaüs et ajoute] : « Mais le rapprochement si séduisant à première vue, ne va pas sans de sérieuses difficultés. Les huit cents vétérans libérés à la fois étaient-ils donc tous tirés des cadres de la X° légion, dont l'effectif se serait ainsi trouvé réduit de près d'un cinquième ? Le nom de la colonie s'est-il jamais appliqué à Abou-Gosch, et la distance de Jérusalem convient-elle ? Cette distance, à vrai dire, demeure indé-

(1) Il n'est pas manifeste qu'elle ait été employée comme vulgaire pierre à bâtir, puisqu'on la dirait introduite après coup, et la fausse équerre est peu visible. Toutefois, avec l'auteur de l'article, je pense que l'inscription n'est pas à sa place primitive, mais a été encastrée à cet endroit pour la conserver et la mettre en évidence, parce qu'il n'y avait pas lieu de la mettre ailleurs après la transformation du castrum en église, les deux uniques portes ne pouvant plus la recevoir dans leur tympan. La pierre n'est pas non plus d'un plus mauvais calcaire que les autres, et c'est absolument sans raison que l'on affirme que l'ouvrier n'a vu là qu'un moellon.

cise ; le texte de Josèphe porte 3o et 60 stades, suivant les manuscrits manifestement influencés par une réminiscence évangélique (1).

Cependant la leçon *triaxonta*, préférée par un critique aussi autorisé que Niese a pour elle, outre sa tradition diplomatique (?), d'être la plus difficile, celle qui, loin d'être suggérée par le texte évangélique, introduisait au contraire dans le problème une complication nouvelle. On lui supposera donc moins facilement un caractère factice (2). Dès lors Abou-Gosch ne pourra plus être l'Emmaüs de la colonie, localisée d'ailleurs avec beaucoup de vraisemblance dans la région de Beit-Nizeh et de Kolonieh.

On trouverait peut-être dans la carte mosaïque de Madaba, en même temps que l'identification de deux désignations locales demeurées indéterminées, un indice de la distinction supposée entre la colonie et les quartiers de la *Vexillatio*. En effet, le mosaïste a figuré à l'Occident de Jérusalem deux petits édifices intitulés *to tetarton, to enna (ton)*. Par l'analogie des *Itinera*, d'où sont empruntées ces expressions, il est clair que l'on doit entendre le 4e et le 9e mille. Le motif de signaler ces deux seuls milles dans la série ne serait-il pas justement l'existence de la colonie au *tetarton* et des cantonnements de la Vexillation au *ennaton* ? 4 milles égalent 32 stades : Josèphe établissait la colonie à 3o stades (3) ; calculées à la valeur courante de 185 mètres en chiffre rond, 3o et 32 stades sont les distances respectives de Beit-Coulnia et de Beit-Nizzeh par rapport à Jérusa-

---

(1) Après la ruine de Jérusalem, rien ne s'opposait à la réduction d'un cinquième de la Xe légion, et ce détachement n'était pas éloigné du quartier général (a). En deuxième lieu, la distance convient parfaitement, si on choisit un des chiffres de Josèphe correspondant à celui de l'Evangile, et dans ce cas, la distance n'est nullement indécise. En troisième lieu, le texte de Josèphe n'est pas manifestement influencé par une réminiscence évangélique, du moins rien ne le prouve. Ne pourrait-on pas dire, au contraire, que les textes qui portent le chiffre 30 stades, ont été influencés par l'existence d'une autre colonie militaire à 30 stades de Jérusalem, à Kolonieh ?

(2) Ces subtilités n'auraient aucune base sans les suggestions supposées sur certains manuscrits de Josèphe par le texte évangélique, et si le texte évangélique n'a rien suggéré du tout, comme il est probable, tout ce laborieux échafaudage s'évanouit. Il n'y a donc aucune raison pour qu'Abou-Gosch ne puisse plus être l'Emmaüs de la colonie, puisqu'on y retrouve son inscription. Evidemment cette colonie de vétérans à Abou-Gosch n'empêche pas la colonie *quelconque* de Kolonieh, mais la première seule, celle d'Abou-Gosch, est qualifiée de détachement de vétérans par une inscription romaine.

(3) Josèphe n'a pas établi la colonie de vétérans à 30 stades : pour baser un raisonnement sur ce chiffre, il faudrait prouver d'abord que le texte authentique est 30 et non 60 stades.

(a) Voir Appendice IV.

lem (1). D'autre part, Abou-Gosch est à peu près exactement à 13 kilomètres depuis la Ville sainte, c'est-à-dire au 9° mille romain, chiffre qu'indiquait déjà Eusèbe pour Kariath-Yarim, sur l'une des voies de Jérusalem à Lydda. Or si l'identité de Qiryat-Yearim, avec Abou-Gosch (2) n'est pas pleinement démontrée, elle repose toutefois sur des arguments solides.

R.-P. VINCENT.

QUATRIÈME ARTICLE

Echos de Notre-Dame de France, N° 122. Septembre 1903

Une dernière inauguration est celle du futur prieuré bénédictin d'Abou-Gosch. Ce village situé sur la route de Jaffa, à 12 kilomètres de Jérusalem, a reçu son nom actuel de la tribu de pillards et jadis mal famée qui l'occupe. Son vrai vocable est Kiriath-el-Enab, dans lequel on retrouve le vieux nom de Kirat-Iarim, célèbre dans la Bible. Les deux noms désignent la même localité. Près du village moderne s'élève une vieille église *dédiée jadis à saint Jérémie* (3), et plus anciennement consacrée très probablement au souvenir d'Emmaüs.

Cette église, devenue propriété de la France, a été cédée par le gouvernement aux Pères Bénédictins, qui se disposent à la restaurer et à bâtir tout auprès un monastère. La première pierre a été solennellement posée par le R^{mme} Père général en présence du Consul de France. Ce fut une intéressante manifestation en cette campagne où l'hôpital Saint-Louis doit bientôt aussi avoir son sanatorium. Ce sera un vrai coin de terre française. Les notables d'Abou-Gosch ont manifesté leur joie en exécutant une brillante *fantasia*.

(1) 30 stades de 185 mètres font 5 k. 500 mètres, tandis que 4.000 romains font 5 k. 925 mètres.
(2) Indépendamment du milliaire romain, dont le chiffre manquait, on a trouvé à Abou-Gosch un milliaire arabe.
(3) Rien ne rappelle le souvenir du prophète Jérémie à Abou-Gosch, et cette dédicace est plus que problématique. (Voir appendice.)

CINQUIÈME ARTICLE

Revue Biblique (nouvelle série). 2ᵉ année, Nº 1. Janvier 1903

Milliaire romain à Abou-Gosch

Sur les pentes de la colline, que couvrent les ruines de Deir-ech-Cheick, on a découvert, il y a quelques mois, deux tronçons de milliaires. Ils étaient engagés dans un mur en pierres sèches soutenant une terrasse au milieu d'une plantations d'oliviers, à peu près en face du village d'Abou-Gosch, au N.-E., un peu au-dessus de la route carrossable. L'un est une colonne anépigraphe presque entière, moins le *dé* ; l'autre n'est qu'un fragment irrégulièrement brisé, dont la plus grande hauteur est de 0ᵐ.50 et le diamètre de 0ᵐ 52. Lettres de 0ᵐ 08 à 0ᵐ 09 un peu grêles.

```
 IANTONINIFILI
H  DRIANINEPOTES DIVI
T  IANIPARTHICPRONE
   DIVINERVAEANEPO
   ........A....,........
```

Le débris suffit à indiquer le protocole familier des empereurs Marc-Aurèle et Vérus. Le chiffre du mille, compté sans doute à partir d'Ælia, eût été fort intéressant à connaître. La présence de cette borne semble indiquer à première vue le passage d'une voie dont le raccord ne pourrait encore être établi avec la route de Jérusalem vers la côte (1) par Beit-Nizzeh et Batn-es-Saïdeh. La colonne presque complète exclurait aussi apparemment l'hypothèse d'un transfert considérable. On ne manquera donc pas sans doute de fortifier de ce nouveau document l'argumentation hâtive déjà fondée sur le texte de la *Vexillatio aujourd'hui* encastrée dans les murailles de l'église d'Abou-Gosch (2).

R. P. VINCENT

---

(1) Cette phrase laborieuse a sans doute pour but de mettre en doute l'existence d'une voie romaine passant à Abou-Gosch. Cette voie est-elle vraiment si ignorée ?

(2) Cet *aujourd'hui* que je souligne paraît assez insidieux. Voudrait-il signifier que l'inscription aurait été encastrée dans le mur récemment ? Pourtant l'état des lieux avant et après les fouilles démontre suffisamment qu'elle s'y trouvait depuis des siècles.

[Le savant auteur de cet article prend ensuite occasion du transfert de cette borne dans une propriété voisine, pour insinuer qu'elle aurait pu être l'objet d'une série de migrations de ce genre. En effet, il n'y a pas de raison de s'arrêter en si beau chemin.]

SIXIÈME ARTICLE

Revue Biblique (nouvelle série), 3ᵉ année, Nº 2. 1ᵉʳ avril 1906

Découverte archéologique à Abou-Gosch

A côté du village actuel d'Abou-Gosch, sur la route de Jaffa à Jérusalem, s'élève une colline isolée dont le sommet, couvert de vignes et d'oliviers, cache des débris de divers âges. Il porte en arabe le nom de Deir el-Azar. Les Sœurs de Saint-Joseph, qui tiennent l'hôpital français de Jérusalem, viennent d'acquérir ce sommet pour y établir un sanatorium. Quelques travaux préparatoires ont amené des découvertes intéressantes. Les monnaies trouvées en remuant le sol s'échelonnent depuis le temps des Ptolémées et des princes Asmonéens jusqu'à la destruction de Jérusalem et au delà.

Citons entre autres une monnaie inédite d'Antigone Matatias, purement judaïque, conforme aux types connus, aux noms de ses prédécesseurs Jean Hyrcan ou Judas Aristobule Iᵉʳ, et trois exemplaires du moyen bronze de Titus à la légende *Youdaïas ealōkias*.

Les monnaies romaines des siècles suivants et les monnaies arabes montrent la permanence de l'habitation sur ce point. Il n'a en effet été abandonné complètement que depuis la destruction des masures qui y restaient, par l'armée d'Ibrahim Pacha, en 1832.

Mais les traces de civilisation remontent encore plus haut que l'époque judaïque. Plusieurs objets de terre cuite de l'époque chananéenne en sont la preuve...

Abou-Gosch paraît répondre à l'ancien Qariat-Yarim de la Bible, où l'Arche d'alliance fut transportée à son retour de chez les Philistins. On pourrait se demander si le nom actuel de Deir-el-Azar n'est pas un souvenir d'Elzéar, fils d'Abinadab, qui fut consacré pour garder l'Arche sainte, quand elle fut déposée sur la hauteur à côté de la ville.

J. GERMER-DURAND.

[Cet article est reproduit en partie par *Jérusalem, nouvelle Revue de N.-D. de France*, n° du 24 mai 1906, avec cette addition :]

On sait qu'Abou-Gosch est identifié par les uns avec l'Emmaüs de saint Luc, par les autres, et le R. P. Germer-Durand est du nombre, avec l'ancien Qariat-Yarim, où l'Arche d'alliance séjourna à son retour du pays des Philistins (1).

APPENDICE II

Observations

Dans le premier article cité (1er article), le R. P. Germer-Durand met en doute l'existence d'un *castrum* romain à Abou-Gosch, et ne voit dans l'église dite de Saint-Jérémie qu'une construction des Croisés, transformée plus tard en église. Nous retrouvons la même opinion dans la *Revue Biblique*, sous la plume du savant P. Vincent iii· article). Dans une note, en effet, il s'exprime ainsi : « .,. M. Mauss y voyait (dans le monument d'Abou-Gosch) un « Castellum romain » que les Croisés auraient adapté en église... On verra par les notes qui vont suivre que l'existence d'un « Castellum » est très sérieusement acceptable en ce point, mais l'inscription qui s'y rapportait n'était pas à sa place dans les assises inférieures de l'église ; elle a donc été prise à quelque construction voisine, dont on retrouverait peut-être les vestiges parmi les ruines de l'endroit. Quelque apparente témérité qu'il puisse y avoir à contredire l'opinion d'un architecte tel que M. Mauss, il faut considérer comme insoutenable sa recherche d'un castellum romain dans la construction toute médiévale de l'église ».

Cette note est du commencement de l'article du R. P. Vincent ; à la fin, nous en trouvons une autre ainsi conçue : « Ces notes étaient déjà prêtes pour l'impression au moment où me parvint le *Quart. Stat* de Janvier. En une communication très courte, M. Clermont-Ganneau a signalé l'inscription. Le souvenir de ce *castellum* aurait persévéré jusqu'au temps des premiers géographes arabes, qui appelaient Abou-Gosch Hisn-el-Enab, la forteresse d'el-Enab. »

(1) Il n'y a aucune incompatibilité entre les deux identifications, cependant je ne pense pas que le village actuel de Kariath-el-Enab (Abougosch) soit bâti à l'emplacement de l'ancienne Kariath-Yarim. L'ancien village d'Emmaüs (le Vicus de Saint Luc) serait plus bas, dans la plaine, et Kariath plus à l'ouest, vers le sommet de la colline, dans un rayon très limité.

Que l'inscription soit ou ne soit pas à sa place dans les assises inférieures de la forteresse d'Abou-Gosch ; qu'elle ait été placée primitivement dans une *ancienne* forteresse située au même endroit, ou dans la forteresse actuelle transformée en église à l'époque médiévale, cela ne change rien à la thèse soutenue dans le compte-rendu ; car il faut bien reconnaître qu'il y avait une forteresse *romaine* à Abou-Gosch, et que l'inscription découverte en septembre 1901 dans les murs de l'église dite de Saint-Jérémie, était certainement placée dans cette *forteresse romaine*, détruite ou non.

Mais pourquoi cette *forteresse romaine* qu'on suppose détruite, ne serait-elle pas l'église d'Abou-Gosch ? On n'en donne aucune raison ; il ne suffit donc pas d'affirmer que c'est une construction médiévale, quand des savants dont le nom fait autorité ont vu dans cette forteresse une construction romaine. Si les géographes arabes l'ont appelée *Hisn-el-Enab*, la *forteresse* d'*El-Enab*, c'est donc que de leur temps il y avait une forteresse, et par conséquent antérieure aux Croisés. Ceux-ci n'auraient pu que la réparer si elle avait besoin de réparations et l'utiliser pour leur défense, avant de la transformer en église.

Avec les RR. PP. Germer-Durand et Vincent, je crois que l'inscription n'est pas à sa place primitive dans la forteresse romaine, restaurée ou non, par les Arabes ou les Croisés, et transformée en église vers le xiie siècle ou le commencement du xiiie siècle. C'est vraisemblablement au moment de la transformation que l'inscription a été placée à l'endroit où elle a été découverte, pour les raisons que j'ai données dans la note de la page 19. Je considère donc le « Castrum » de Vespasien, la forteresse d'el-Enab des Arabes, la forteresse de Fontenoid des Croisés, et l'église dite de Saint-Jérémie d'Abou-Gosch comme étant le même monument.

Toutefois il est évident, pour moi, après des études locales qu'il ne m'a pas été permis de pousser plus loin, qu'il y a, autour d'Abou-Gosch, dans un rayon assez restreint, des ruines des plus intéressantes. J'avais signalé dans les jardins du village, au-dessous de la propriété nationale, l'existence de vasques qui ont été découvertes depuis par les Sœurs de Saint-Joseph. Il n'est pas non plus admissible que le sanctuaire d'Abou-Gosch (église Saint-Jérémie) soit la première église de Kiriath-el-Enab, et que le culte chrétien n'y ait pas eu son temple avant le xiie siècle. Aussi, en dehors de l'église récemment découverte au sommet de la colline, dans la propriété des Sœurs de Saint-Joseph, j'ai encore signalé à M. le Consul général, en 1904, la mosquée actuelle d'Abou-Gosch qui marquerait peut-être l'emplacement d'une chapelle chrétienne ; les masures voisinss qui recouvrent une grande partie de l'ancien monastère, et sous lesquelles, dans des souterrains que je n'ai pu explorer, j'ai aperçu, au milieu d'éboulements, des constructions profondes dont l'appareil ressemble à celui de la forteresse ; et enfin des terrains actuellement incultes, entre ces masures et le village, qui cachent des substructions assez solides pour supporter aujourd'hui des arbres gigantesques.

Les découvertes archéologiques de l'avenir apporteront-elles un nouvel appui à des conclusions qu'on a jugées hâtives ? Je n'aurai pas la témérité de l'affirmer ; mais je doute qu'elles viennent les détruire, puisque depuis la découverte de l'inscription d'Abou-Gosch, on a vu par les articles reproduits ci-dessus que rien n'est venu l'infirmer ; tandis que les thèses Amoas-Nicopolis-Koubéïbeh perdent de plus en plus leurs partisans. En effet, d'après les *Echos d'Orient*, n° de juillet 1906, la deuxième édition de l'Atlas de von Riess, par le Dr E. Rueckert, ne place pas l'Emmaüs de l'Evangile à Amoas, et la Revue des PP. Assomptionnistes déclare à ce sujet que si Emmaüs n'est pas à Amoas, il est encore beaucoup moins à Koubéïbeh.

En attendant, plaçons-le à Kariath-el-Enab, comme l'y place Josèphe interprété à la lumière de l'inscription de la Xe légion ; comme l'y ont placé les Croisés, et comme l'y place l'admirable concordance des chiffres :

Distance de Jérusalem à Abou-Gosch

60 stades de l'historien Josèphe (1)	13.320	mètres
60 stades de l'Evangéliste saint Luc (1). . .	13.320	—
9 milles de l'historien Eusèbe (2)	13.330	—
60 stades de Guillaume de Tyr (1)	13.329	—
3 lieues de France (3) (auteurs du moyen-âge.	13.329	—
2 h. 38 de marche (4) (F. Liévin). . . .	13.292	—

Ce qui représente un peu plus de treize kilomètres, distance actuellement évaluée par tous les guides et itinéraires contemporains.

La précision de ces chiffres ne peut être égalée par les distances respectives d'Amoas et de Koubéïbeh de Jérusalem, qui ne sont qu'approximatives, quel que soit le stade employé. En admettant que l'Emmaüs de l'Evangile soit situé à 160 stades de Jérusalem, Amoas-

(1) Stade de 222^{m}17, ou stade asiatique.
(2) Mille romain de 1481^{m}15.
(3) Lieue française de 4.443^{m}57.
(4) A raison de 84 mètres par minute.

Nicopolis ne donne pas ce chiffre de 160, mais 176 si l'on emploie le stade de 185 mètres (stade attique), et 146 2/3 si l'on emploie le stade de 222 mètres (stade asiatique). En plaçant d'autre part l'Emmaüs de l'Evangile à Koubéïbeh, nous nous rapprochons, il est vrai, des 60 stades de saint Luc, mais à condition de suivre l'itinéraire du Fr. Liévin, *dont la durée a changé avec les éditions de son Guide.* Je prends la plus favorable à sa thèse, et je trouve 12,600 mètres, ou 68 stades de 185 mètres, ou bien encore 56 stades de 222 mètres.

Toutefois, malgré les variations du stade selon les peuples et les pays, il n'est pas loisible de compter par tel ou tel stade pour les besoins de la cause ; et pour ne pas encourir ce reproche, je reproduis ci-dessous un tableau de quelques distances connues et généralement acceptées par les auteurs anciens et modernes. Dans ce tableau, les distances, calculées par milles romains, lieues de France, stades asiatiques et heures de marche, sont en si parfaite concordance qu'elles peuvent déterminer d'une manière certaine l'espèce de stade employé par les historiens : soit le stade de 222^m 17, ou stade asiatique, dont une application constante a été relevée par l'Anglais Smith, en Asie-Mineure.

I. — De Jafa à Jérusalem

42 milles	62.202 mètres
14 lieues de France	62.212 —
280 stades asiatiques	62.160 —
12 h. 20 de marche (1)	62.160 —

II. — De Lydda à Jérusalem

32 milles	47.392 —
213 stades 1/3	47.370 —.
9 h. 25 de marche (1)	47.460 —

III. — De Nicopolis à Jérusalem

22 milles	32.582 —
146 stades 1/2	32.530 —
6 h. 30 marche (1)	32.760 —

IV. — De Kariath-el-Enab à Jérusalem

9 milles	13.330 —
60 stades	13.320 . . .
2 h. 32 de marche	13.272 —

(1) Heure topographique de 5.040 mètres.

V. — De Kolonieh à Jérusalem

4 milles 1/2 (1)	6.664	—
30 stades.	6 660	—
70 minutes de marche.	6.552	—

VI. — De Jerusalem à Anathoth

3 milles.	4.454	—
20 stades.	4.440	—

APPENDICE III

Abou-Gosch et Nicopolis

Le lecteur a déjà remarqué certaines variations dans l'appellation des lieux géographiques, particulièrement dans celui d'Abou-Gosch. J'ai retenu et employé indifféremment deux des plus usitées : Abou-Gosch et Kariath-el-Enab. L'origine du premier nom n'est pas ancienne, et paraît surtout employée par les auteurs occidentaux.

Abou-Gosch signifie *père de la division*. C'est le nom d'une famille de ce village, qui joua un certain rôle dans l'histoire locale; elle est encore influente et considérée en Palestine. Un de ses descendants est actuellement cheick de Kariath-el-Enab, et chargé de la perception des impôts d'une soixantaine de villages des environs. Ses ancêtres furent longtemps la terreur des pèlerins qui traversaient la contrée pour se rendre à Jérusalem, et le village qu'ils habitaient ne fut plus connu que sous le nom de son terrible chef. Il fallait lui payer un tribut, auquel n'échappaient pas les plus hauts personnages.

Depuis le moyen-âge le nom arabe est Kariath-el-Enab (*Vicus Uvarum*). Mais il paraît certain que cette appellation correspond à l'ancien nom juif de Kariath-Yarim, *civitas saltuum* (Saint Jérôme), ou *civitas sylvarum* (Dict. de Philolog. sacrée), car la version arabe de la Bible (IX° siècle) remplaça le nom de Kariath-Yarim par celui de Kariath-el-Enab.

Kariath-Yarim (cité des bois) était une des villes des Gabaonites, appelée avant la conquête des Hébreux Kariath-Baal ou Baala (*civitas idoli*). Au X° siècle de l'ère chrétienne, nous la retrouvons sous le nom de Kiriat-Anab, dans les annales d'Eutychius, patriarche d'Alexandrie. Les Croisés l'appelèrent Kariatheri.

(1) Kolonieh est situé entre le 4° et le 5° mille.

Le nom de Nicopolis (ville de la Victoire) fut donné par les Romains victorieux à un lieu appelé Emmaüs ou Ammaüs ; il ne saurait y avoir de doute à cet égard. Mais comme il y a deux Emmaüs (l'Emmaüs près du lac de Tibériade n'est pas en question), il s'agit de savoir à quel Emmaüs fut donné le nom de Nicopolis. On croit généralement que ce fut à l'Emmaüs de la plaine, comme cela paraît ressortir des expressions de l'historien Eusèbe, évêque de Césarée, de saint Jérôme, et de la plupart des écrivains ecclésiastiques postérieurs. Appuyés sur ces autorités, tous les itinéraires placent cette ville de Nicopolis à 22 milles de Jérusalem, distance évaluée par les modernes à 176 stades. Cependant le plus grand nombre des mêmes auteurs, quand ils parlent de l'Emmaüs de l'Evangile, n'hésitent pas à se *contredire* et à en fixer la distance à 60 stades. D'autre part, plusieurs auteurs de grande valeur, en parlant de l'Emmaüs de saint Luc à *60 stades* lui donnent le nom de Nicopolis, comme Guillaume de Tyr et de nombreuses relations de pèlerins. Comment expliquer cette contradiction ?

Les auteurs actuels font intervenir la confusion produite par la similitude des noms. Ce serait la ville d'Emmaüs dans la plaine, et non le village d'Emmaüs dans la montagne, qui aurait été appelée Nicopolis ; puis le village de la montagne ayant disparu au temps d'Eusèbe et de saint Jérôme, ces auteurs auraient identifié par erreur l'Emmaüs de saint Luc avec l'Emmaüs-Nicopolis de la plaine, sans se préoccuper autrement de la question de distance. Dans la suite, les auteurs n'auraient fait que se copier les uns les autres. L'erreur de ceux qui identifient la ville de Nicopolis avec l'Emmaüs de la montagne est expliquée par un argument de même nature, et on assure qu'entraînés par le texte évangélique de 60 stades, ces auteurs donnèrent au village d'Emmaüs dans la montagne le nom de Nicopolis, contrairement à la vérité historique.

Tout cela est possible ; à moins qu'on ne cherche une autre solution, et qu'on ne la trouve dans une double appellation de Nicopolis, successivement attribuée aux deux Emmaüs par les Romains eux-mêmes. En effet, le passage de Sozomène, si souvent cité, où l'Emmaüs de saint Luc est appelé Nicopolis, *sans indication de distance*, s'applique parfaitement à Kariath-el-Enab, comme je l'ai démontré dans le compte-rendu. De plus, Guillaume de Tyr (1) identifie nette-

---

(1) « Est autem Nicopolis civitas Palestinæ : hanc dum Vicus adhuc esset, sacer evangeliorum liber appelavit Emmaüs, beatusque Lucas Evangelista hanc dicit ab Jerosotymis distare stadüs sexaginto. De hoc Sozomenes in sexto tripar-

ment Nicopolis avec le *Vicus* de saint Luc, et le place à 60 stades de Jérusalem. Dans ce passage, il affirme avec Sozomène que les Romains donnèrent à Emmaüs de la montagne le nom de Nicopolis après la ruine de Jérusalem et la victoire sur les Juifs.

Si l'on ajoute foi à cette assertion, ce serait dès l'an 70 que les Romains auraient ainsi célébré leur triomphe. Mais saint Jérôme (1) raconte que la ville d'Emmaüs dans la plaine fut restaurée sous l'empereur Marc-Aurèle par Julianus Africanus, et qu'elle fut appelée *dans la suite* Nicopolis (2). Le nom de l'empereur qui surnomma Emmaüs *dans la plaine* Nicopolis nous est fourni par un écrivain du commencement du xviiie siècle, le chanoine Morisson, de Bar-le-Duc : « Vespasien, dit-il, voulant faire d'Emmaüs une place importante, la fit ceindre de murailles, flanquer de bonnes tours et y laissa en garnison la Ve légion romaine. Elle fut aussi très florissante sous l'empire d'Eliogabale, qui la fit embellir et lui donna le nom de Nicopolis, qui signifie ville de la victoire, en mémoire d'une victoire célèbre que les Romains auraient remportée dans la campagne voisine (3).

D'après ces témoignages, les deux Emmaüs auraient successivement reçu des Romains, après deux victoires différentes, le nom de Nicopolis. Le savant P. Dominichelli aurait donc raison de placer la première Nicopolis à l'Emmaüs de la montagne et de saint Luc.

titæ historiæ libro ita aït : Hanc Romani post vastationem Hierosolymorum Judæamque victoriam, Nicopolim ex eventu vocaverunt. » (Suit la narration de Sozomène sur la fontaine miraculeuse d'Emmaüs, et Guillaume de Tyr ajoute en parlant des Croisés) : « Ubi noctemillam in aquarum abundantia, et rerum copia victui necessariarum egerunt tranquillam. » (*Liv. de T.* Liv. VII, ch xxiv).

(1) Saint Jérôme. « De viris illust. », ch. lxiii.

(2) « Julius Africanus, cujus quinque de Temporibus extant volumina, sub imperatore M. Aurelio Antonnio qui Macrino successerat, legationem pro instauratione urbis Emmaüs suscepit, quæ postea Nicopolis appellato est. » (S. J., *ibid.*

(3) *Relation hist. d'un voyage au Sinaï et à Jérusalem*, par Morisson, p. 533.

APPENDICE IV

Eclaircissements sur la Milice romaine

« Les gens de l'art, dit Végèce en parlant de la Milice romaine, veulent que le nombre d'hommes ainsi rassemblés ne soit pas excessif ». C'est pourquoi les Romains « voulurent des soldats plus disciplinés que nombreux ». Généralement une armée romaine était formée de deux légions, avec sa cavalerie et ses cohortes auxiliaires, et ne dépassait pas vingt mille hommes, sous le commandement d'un consul, d'où le nom d'armée consulaire. La légion en était la base, du mot *legere*, choisir, parce qu'on ne choisissait pour la composer que des hommes doués de certaines qualités. D'après Varron, les mots *miles*, *militia*, viennent de *mille*, parce que chacune des trois tribus établies par Romulus fournissait mille hommes pour la légion. Par le fait, la légion comptait alors 3000 hommes de pied et 300 cavaliers.

Servius Tullius ajouta une quatrième tribu et régla, dit Denys d'Halicarnasse, la composition de sa milice sur les quatre tribus ; ce qui porta à 4000 le nombre des fantassins, le nombre des cavaliers restant le même. Il en fut ainsi jusqu'à la bataille de Cannes ; à cette célèbre bataille, les légions paraissent composées de 5000 hommes de pied (1).

Dans la guerre de Macédoine, elle s'augmenta encore et fut portée à 6000 fantassins.

Marius maintint et essaya de régulariser ce nombre. Mais ce ne fut que sous Auguste qu'il fut fixé d'une façon régulière. La cavalerie était partie essentielle de la légion ; Romulus en avait d'abord fixé la proportion d'un cavalier pour dix fantassins. Dans la suite, ce rapport disparut quand, l'infanterie augmentant en nombre, la cavalerie resta toujours à peu près la même.

La légion était formée de dix cohortes de 600 hommes ; la cohorte de trois manipules de 200 hommes ; le manipule de deux centuries ; et chaque centurie comprenait dix décuries ou chambrées (*contubernium*). Outre les légionnaires, l'armée romaine renfermait des troupes auxiliaires attachées à la légion. « Ces troupes, dit Végèce,

---

(1) Tit. Liv. XXII-36. — XLII-31.

sont formées d'étrangers soudoyés, en corps inégaux. On les joignait toujours dans les batailles aux troupes régulières, comme cohortes légères.

Il y avait, depuis Scipion l'Africain, des cohortes prétoriennes, espèce de garde particulière chargée de veiller à la sûreté personnelle du général en chef et de l'accompagner partout. Octave en porta l'effectif à dix mille hommes et les fit entrer dans la ville de Rome. Il leur donna d'abord deux commandants, dont l'autorité devait se contrebalancer; mais Tibère ne leur laissa qu'un seul chef, qui fut appelé Préfet du Prétoire.

Les enseignes méritent une mention particulière dans cette courte notice, à cause de leur rapport avec l'inscription d'Abou-Gosch. Dans l'armée romaine elles n'étaient confiées qu'aux meilleurs soldats, pour qui elles étaient sacrées, comme les statues de leurs dieux, au dire de Denys d'Halicarnasse. A l'origine, ces enseignes étaient de simples perches surmontées d'une poignée de foin (*manipulus*), d'où l'expression « manipule » pour désigner une troupe de soldats marchant sous ce *signe* (1). Mais quand les Romains eurent des armées régulières, ils inventèrent d'autres signes de ralliement, comme l'aigle, le loup, le minotaure, le cheval. Avant la fin de la République, la coutume s'établit de ne plus porter aux combats que l'aigle, surnommé le Dieu des légions : « *Propria legionum numina.* » (Tacite, annal, n° 17). Elle était d'or ou d'argent, tenant ordinairement dans ses serres des foudres d'or. On y gravait le nom de la légion, et souvent aussi un médaillon de l'Empereur y était suspendu. C'était l'enseigne de la légion.

Il y en avait de particulières pour les différents corps légionnaires : cohortes, manipules, centuries et turmes (escadrons de cavalerie). En comptant par légion dix cohortes, soixantes centuries et dix turmes, on a quatre-vingts enseignes de deuxième et de troisième ordre. Aussi les porte-enseignes formaient-ils une corporation sous le nom générique de *signiferi*, avec des noms particuliers répondant à chaque espèce de guidon. Celui qui était chargé de l'Aigle se nommait *Aquilifer*; ceux qui portaient les *Vexilles*, *Vexillairii*, et les autres *Imaginarii*.

Le guidon de la cohorte se nommait *Vexillum*. C'était une pique le long de laquelle étaient rangés divers ornements : couronnes, médaillons, mains avec ou sans couronnes de lauriers, globes, croissants,

(2) « Illa quidem fæno, sed reverentia fæno. » (Ovide, Fast. III.)

une Victoire ou quelque divinité... La pique était surmontée d'une traverse à laquelle était attachée une pièce d'étoffe de couleur éclatante, avec le nom de la légion, le numéro de la cohorte, le nom de l'Empereur, ou du Général (sous la République).

Les cohortes auxiliaires, *les détachements des vétérans qu'on envoyait en colonie* (1), en un mot tous les corps composés d'un nombre de soldats à peu près égal à celui de la cohorte, avaient un *vexille*. Végèce dit que le *vexille* était l'enseigne propre de la cavalerie, et qu'il y en avait un par turme.

Le *vexille* se distinguait du *signe* de la centurie par le drapeau dont il était surmonté. Il fut ainsi jusqu'à Trajan pour les enseignes de la légion. Après ce prince, la centurie prit le *vexillum*, et la cohorte adopta le *Dragon*, c'est-à-dire une tête de dragon, la gueule béante, entourée d'étoffes multicolores disposées de manière à se gonfler par le vent et à prendre la forme et la grosseur de cet animal. La turme prit aussi un nouveau guidon, mais l'aigle demeura l'enseigne générale de la légion.

Les légions n'étaient pas nombreuses sous la royauté. Mais à mesure que les conquêtes étendaient les limites de la République, il fallut en augmenter le nombre, et les placer sur les frontières des nouvelles provinces, dont elles prirent le nom. Marius en porta le nombre à 47; il n'était que de 40 sous Auguste. Pendant les temps de paix, elles étaient employées à des travaux publics : routes, canaux, assainissement de marais, cultures, monuments et fortifications.

Le service de l'Intendance n'était pas compliqué, surtout en ce qui concernait les vivres, car on ne donnait aux troupes que les aliments de première nécessité. Le blé était la base de l'alimentation légionnaire. Les hommes le broyaient eux-mêmes, après l'avoir fait griller sur des charbons ; on le mangeait alors sous forme de bouillie. Quand ils voulaient en faire du pain, ils devaient le moudre et le cuire ensuite sous la cendre. On leur distribuait aussi du sel, de la chair de porc, *lardum*, dont l'usage était fréquent, de l'huile, du fromage et quelquefois des légumes. La boisson était l'eau mêlée d'un peu de vinaigre. Les officiers en usaient de même. La ration du soldat était de trois *modii* (26 litres) de blé par mois; celle du cavalier de six *modii* pour lui et son serviteur, et de quarante-deux *modii* d'orge pour son cheval. De plus, le soldat recevait une *paye* qui varia beaucoup sous la République. De Jules César à Domitien, chaque soldat reçut

(1) Comme la *Vexillation* de la Xe légion, à Abou-Gosch.

dix as par jour. La ration et la solde des officiers étaient plus fortes et variaient avec le grade.

 La durée du service militaire fut d'abord de vingt-huit ans (de dix-sept à quarante-cinq ans), en règle générale sous la République. Elle varia ensuite, au gré des empereurs, qui firent des levées dès l'âge de quinze ans. En 741, Auguste fixa à douze ans le service des prétoriens, et à seize ans le service des légionnaires, et leur assigna une pension de retraite, qui fut augmentée plus tard, à condition qu'ils resteraient quatre ans de plus sous les armes, avec un étendard particulier, le *Vexillum Veteranorum*. Pendant ces quatre ans, ils étaient dispensés des gardes, veilles, fardeaux, hormis de combattre l'ennemi ; c'était un demi-congé, avant le congé définitif, *plena missio*. Ce règlement d'Auguste fut observé par ses successeurs, car, en général, les empereurs prirent soin de s'attacher les Vétérans, en les traitant avec distinction.

A. MOREAU,
Curé de Villeneuve-la-Guyard,
(ancien Curé de St-Léger-Vauban)

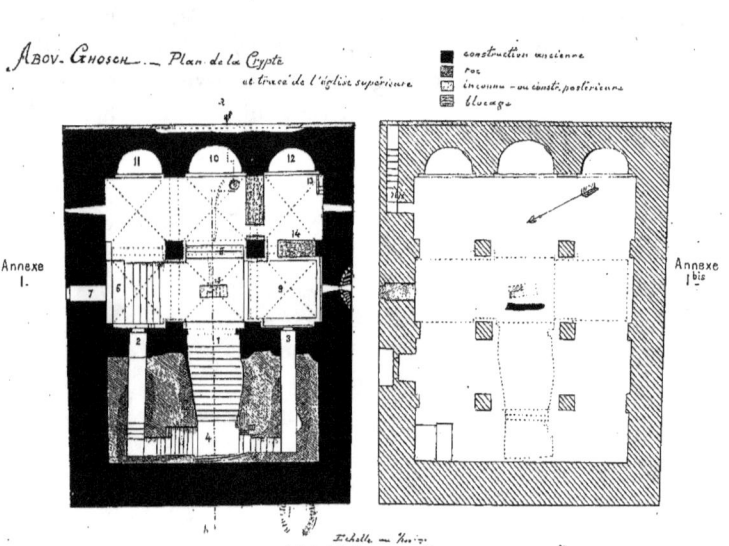

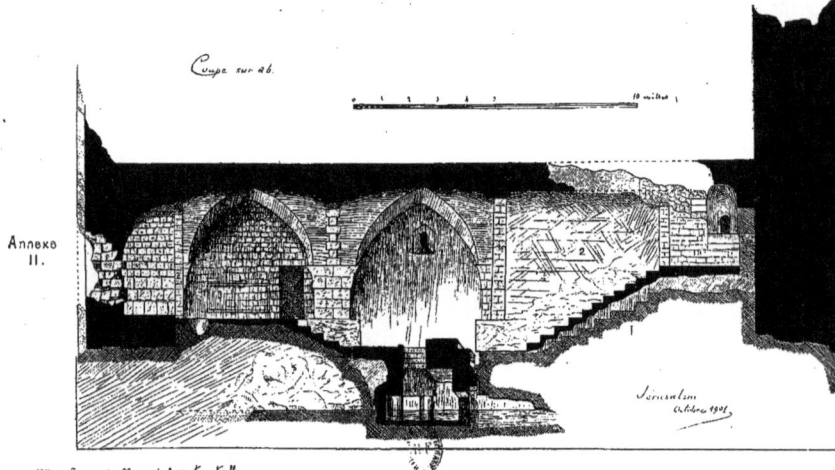

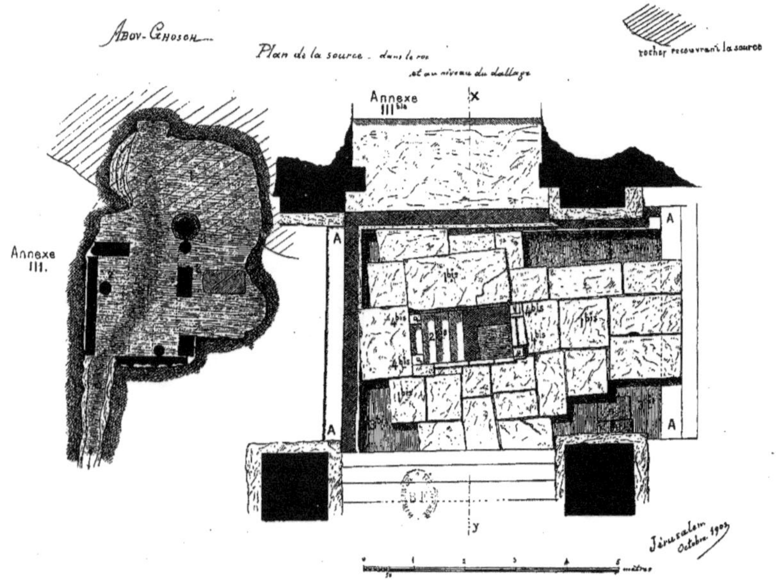

Abou-Ghosch
Plan de la source - dans le roc
et au niveau du dallage
rocher recouvrant la source
Annexe III.
Annexe III bis
X
A
A
A
A
Y
Jérusalem Octobre 1903
0 1 2 3 4 5 mètres

Annexe IV.

Abou-Ghosch (Dans le mur près de la porte de la crypte.)

Abou-Gosch - Façade Nord montrant les nouvelles fouilles et l'inscription romaine près de la porte extérieure de la crypte.

Annexe VI

www.ingramcontent.com/pod-product-compliance
Lightning Source LLC
LaVergne TN
LVHW021728080426
835510LV00010B/1168